Asha Sohal

"Windows Unveiled: Revolucionando os Sistemas Operativos"

Asha Sohal

"Windows Unveiled: Revolucionando os Sistemas Operativos"

ScienciaScripts

Imprint

Any brand names and product names mentioned in this book are subject to trademark, brand or patent protection and are trademarks or registered trademarks of their respective holders. The use of brand names, product names, common names, trade names, product descriptions etc. even without a particular marking in this work is in no way to be construed to mean that such names may be regarded as unrestricted in respect of trademark and brand protection legislation and could thus be used by anyone.

Cover image: www.ingimage.com

This book is a translation from the original published under ISBN 978-620-7-65001-9.

Publisher:
Sciencia Scripts
is a trademark of
Dodo Books Indian Ocean Ltd. and OmniScriptum S.R.L publishing group

120 High Road, East Finchley, London, N2 9ED, United Kingdom
Str. Armeneasca 28/1, office 1, Chisinau MD-2012, Republic of Moldova, Europe
Printed at: see last page
ISBN: 978-620-7-73724-6

"Windows Unveiled: Revolucionando os Sistemas Operativos"

Índice

Resumo

"Windows Unveiled: Revolutionizing Operating Systems" investiga o percurso multifacetado do principal sistema operativo da Microsoft, o Windows. Desde o seu humilde início como uma interface gráfica de utilizador para o MS-DOS até ao seu estatuto atual como força dominante na computação pessoal, este livro explora a inovação, a evolução e o impacto duradouro do Windows.

Através de uma perspetiva histórica, o livro traça o desenvolvimento do Windows, destacando os principais marcos, avanços técnicos e mudanças de paradigma que moldaram a sua trajetória. Examina a evolução da interface de utilizador do Windows, desde o pioneiro Windows 1.0 até à elegante e intuitiva IU moderna, e explora a profunda influência do Windows na computação empresarial, nos jogos, no entretenimento e muito mais.

Além disso, "Windows Unveiled" investiga os meandros da arquitetura do Windows, o panorama de segurança e o seu papel na formação do ecossistema digital. Através de estudos de caso perspicazes e análises de especialistas, o livro ilumina as aplicações reais da inovação do Windows e as suas implicações para as empresas, os consumidores e a sociedade em geral.

Por fim, o livro perscruta o futuro, especulando sobre as tendências emergentes, os desafios e as oportunidades que se avizinham para o Windows. Com uma mistura de narrativa histórica, exploração técnica e especulação com visão de futuro, "Windows Unveiled" oferece uma compreensão abrangente do legado duradouro do Windows e do seu potencial para continuar a revolucionar o mundo dos sistemas operativos.

1. Introdução: O nascimento do Windows

Na introdução, "The Birth of Windows", o livro prepara o terreno ao aprofundar as origens do revolucionário sistema operativo da Microsoft. Começa por contextualizar o panorama informático do final dos anos 70 e início dos anos 80, marcado pelo domínio das interfaces de linha de comandos e da computação baseada em texto.

A narrativa passa depois a centrar-se na decisão fundamental da Microsoft de entrar no mercado dos sistemas operativos, inicialmente através de colaborações com a IBM e do desenvolvimento do MS-DOS. Esta secção explora as limitações dos primeiros sistemas operativos e a procura crescente de uma experiência de computação mais fácil de utilizar.

No centro desta discussão está a génese do Windows, concebido como uma interface gráfica do utilizador (GUI) para o MS-DOS. A introdução analisa a visão do cofundador da Microsoft, Bill Gates, e da sua equipa, que reconheceram o potencial das GUIs para democratizar a computação e torná-la mais acessível às massas.

Além disso, a introdução destaca os desafios e os avanços encontrados durante o desenvolvimento do Windows 1.0, incluindo as restrições tecnológicas, a concorrência do Macintosh da Apple e a necessidade de equilibrar a inovação com a compatibilidade.

Além disso, a narrativa explora o significado do lançamento do Windows 1.0 em 1985, marcando uma mudança de paradigma na computação pessoal e lançando as bases para as iterações subsequentes do sistema operativo. Examina a receção crítica do Windows 1.0, as suas características e o seu impacto na indústria informática.

Além disso, a introdução define o tom temático para o resto do livro, realçando a natureza transformadora do Windows e o seu legado duradouro como catalisador da inovação no domínio dos sistemas operativos.

De um modo geral, "The Birth of Windows" serve como uma introdução cativante ao livro, oferecendo aos leitores uma compreensão abrangente do contexto histórico, das motivações e das aspirações que impulsionaram a criação do icónico sistema operativo da Microsoft.

2. Janelas através dos tempos: Uma perspetiva histórica

"Windows Through the Ages: Uma Perspetiva Histórica" oferece uma exploração perspicaz da evolução do Microsoft Windows, traçando o seu percurso desde o início até aos dias de hoje. Este capítulo fornece uma narrativa cronológica que destaca os principais marcos, inovações e momentos cruciais que moldaram o desenvolvimento do sistema operativo.

O capítulo começa por revisitar as primeiras versões do Windows, incluindo o Windows 1.0, que introduziu os utilizadores no conceito de uma interface gráfica do utilizador (GUI) e lançou as bases para as iterações subsequentes. Examina as características e limitações de cada versão, do Windows 2.0 ao Windows 3.0, apresentando as melhorias iterativas na conceção da interface do utilizador, funcionalidade e compatibilidade.

À medida que a narrativa avança, o capítulo explora os lançamentos emblemáticos do Windows 95 e do Windows XP, que marcaram avanços significativos em termos de usabilidade, capacidades multimédia e estabilidade. Aprofunda o impacto cultural destes lançamentos, reflectindo sobre a forma como transformaram o panorama informático e influenciaram as expectativas dos utilizadores.

Além disso, o capítulo discute a transição para a arquitetura do kernel NT com o Windows NT, Windows 2000 e Windows XP Professional, sublinhando os esforços da Microsoft para melhorar a segurança, fiabilidade e escalabilidade para utilizadores empresariais.

A narrativa muda então o foco para a tumultuosa era do Windows Vista e do Windows 8, explorando a receção mista e as lições aprendidas com estes lançamentos. Destaca a importância do feedback dos utilizadores, da dinâmica do mercado e das tendências tecnológicas na definição da evolução do Windows.

Além disso, o capítulo examina a era moderna do Windows 10, caracterizada por um foco em atualizações contínuas, integração na nuvem e compatibilidade entre plataformas. Analisa as mudanças estratégicas na abordagem da Microsoft ao Windows, incluindo a ênfase em serviços baseados em subscrição, como o Microsoft 365, e a convergência de experiências de ambiente de trabalho e móveis.

No geral, "Windows Through the Ages: Uma Perspetiva Histórica" fornece aos leitores uma visão geral abrangente da rica história e evolução do Microsoft Windows, iluminando os avanços tecnológicos, as influências culturais e as decisões estratégicas que impulsionaram o sistema operativo ao longo das décadas.

Exemplos da vida real

1. **Computação empresarial**: Muitas empresas dependem de sistemas baseados no Windows para as suas operações quotidianas. Por exemplo, uma empresa multinacional pode utilizar servidores Windows para alojar as suas aplicações internas, enquanto os funcionários trabalham em computadores de secretária ou portáteis baseados em Windows equipados com software de produtividade como o Microsoft Office. A compatibilidade, as funcionalidades de segurança e as ferramentas de gestão do Windows fazem dele a escolha preferida para ambientes empresariais.

2. **Educação**: As instituições de ensino utilizam frequentemente computadores baseados em Windows nas salas de aula e nos laboratórios de informática. Os professores utilizam software baseado no Windows para planeamento de aulas, apresentações multimédia e avaliações dos alunos. Os alunos aprendem competências valiosas de literacia digital à medida que navegam na interface de utilizador e nas aplicações do

Windows, preparando-os para futuros empreendimentos académicos e profissionais.

3. **Jogos**: Há muito que o Windows é uma plataforma dominante para jogos, com uma vasta biblioteca de jogos que abrange vários géneros e grupos demográficos. Desde jogos móveis casuais a experiências de jogos de PC topo de gama, o Windows oferece um ecossistema de jogos versátil que satisfaz jogadores de todos os níveis. Plataformas como o Steam e a Microsoft Store fornecem canais de distribuição para os programadores chegarem a milhões de jogadores em todo o mundo.

4. **Indústrias criativas**: Os profissionais de áreas criativas, como o design gráfico, a edição de vídeo e a produção musical, confiam no software baseado no Windows para dar vida às suas visões artísticas. Aplicações como o Adobe Creative Cloud, o Autodesk Maya e o Ableton Live são ferramentas padrão da indústria que são executadas no Windows, permitindo que os criativos ultrapassem os limites da sua arte.

5. **Cuidados de saúde**: Os hospitais e as instalações de cuidados de saúde utilizam sistemas de registos de saúde electrónicos (EHR) baseados no Windows para gerir os dados dos pacientes, simplificar os fluxos de trabalho e melhorar os cuidados dos pacientes. Estes sistemas permitem que os prestadores de cuidados de saúde acedam a registos médicos completos, acompanhem planos de tratamento e colaborem com equipas interdisciplinares, melhorando assim a eficiência e os resultados para os pacientes.

6. **Governo**: As agências governamentais a nível local, nacional e internacional utilizam soluções baseadas no Windows para tarefas administrativas, gestão de dados e serviços aos cidadãos. Quer se trate do processamento de declarações fiscais, da emissão de licenças ou da gestão

de infra-estruturas públicas, a robustez e a escalabilidade do Windows fazem dele uma plataforma fiável para operações governamentais.

Estes exemplos ilustram as diversas aplicações e a influência generalizada do Microsoft Windows em vários sectores da sociedade, sublinhando a sua importância como componente fundamental da infraestrutura informática moderna.

3. A Arquitetura da Inovação: Explorando a evolução técnica do Windows

"A Arquitetura da Inovação: Explorando a Evolução Técnica do Windows" investiga os fundamentos técnicos subjacentes e o percurso evolutivo do sistema operativo Microsoft Windows. Este capítulo fornece uma análise abrangente da arquitetura, dos princípios de design e dos avanços tecnológicos que moldaram o Windows ao longo dos anos.

1. **Arquitetura do kernel**: O capítulo começa por elucidar a arquitetura fundamental do kernel do Windows, que serve como componente central responsável pela gestão dos recursos do sistema, agendamento de tarefas e fornecimento de serviços essenciais às aplicações. Ele explora a transição do kernel monolítico inicial do Windows 1.0 para a arquitetura modular e extensível do kernel NT introduzida com o Windows NT, que oferece maior estabilidade, segurança e escalabilidade.

2. **Camadas de subsistema**: A arquitetura do Windows inclui vários subsistemas, cada um adaptado para suportar diferentes tipos de aplicações e funções do sistema. O capítulo analisa as camadas do subsistema, incluindo os subsistemas do modo de utilizador (como o Win32, POSIX e OS/2) e os subsistemas do modo de kernel (como o modelo de controlador do Windows), destacando as suas funções na facilitação da compatibilidade, desempenho e interoperabilidade em diversos ecossistemas de software.

3. **Gestão da memória**: A gestão da memória é um aspeto crítico da conceção do sistema operativo, com impacto no desempenho, estabilidade e segurança do sistema. O capítulo analisa os mecanismos de gestão de memória do Windows, incluindo a memória virtual, a proteção da memória e os algoritmos de paginação, examinando a forma como estas

técnicas optimizam a utilização dos recursos e atenuam os problemas relacionados com a memória.

4. **Infraestrutura do sistema de ficheiros**: A infraestrutura do sistema de ficheiros do Windows desempenha um papel crucial na organização, armazenamento e acesso aos dados nas unidades de disco. O capítulo explora a evolução dos sistemas de ficheiros do Windows, desde a venerável Tabela de Atribuição de Ficheiros (FAT) até ao moderno Sistema de Ficheiros de Nova Tecnologia (NTFS), destacando as suas características, limitações e avanços em termos de fiabilidade, escalabilidade e suporte de grandes volumes e tamanhos de ficheiros.

5. **Drivers de dispositivo e abstração de hardware**: O suporte do Windows para uma vasta gama de dispositivos de hardware é facilitado pela sua estrutura de controladores de dispositivos e pela camada de abstração de hardware (HAL). O capítulo examina o papel dos controladores de dispositivos para permitir a comunicação entre o sistema operativo e os periféricos de hardware, bem como os desafios associados à compatibilidade, estabilidade e segurança dos controladores.

6. **Rede e comunicação**: A pilha de rede do Windows permite a comunicação entre computadores, dispositivos e serviços em redes locais e globais. O capítulo explora a arquitetura do conjunto de protocolos TCP/IP, Windows Sockets (Winsock) e outros componentes de rede, ilustrando como o Windows facilita uma transmissão de dados fiável, segura e eficiente.

7. **Infraestrutura de segurança**: A segurança é fundamental nos sistemas operativos modernos, e o Windows incorpora um conjunto robusto de funcionalidades e mecanismos de segurança para proteger contra ameaças e vulnerabilidades. O capítulo aborda a arquitetura de segurança do Windows, incluindo a autenticação do utilizador, o controlo de acesso, a

encriptação e a proteção contra malware, bem como a evolução das tecnologias de segurança, como o Windows Defender e o Windows Hello.

8. **Virtualização e Containerização**: O Windows adotou tecnologias de virtualização e conteinerização para permitir a utilização eficiente de recursos, o isolamento de aplicativos e o gerenciamento de cargas de trabalho. O capítulo explora o suporte do Windows para máquinas virtuais (Hyper-V) e contentores (Windows Containers), examinando o seu papel na modernização da implementação de software, desenvolvimento e gestão de infra-estruturas.

Em termos gerais, "The Architecture of Innovation" proporciona aos leitores uma compreensão profunda dos fundamentos técnicos e da trajetória evolutiva do Microsoft Windows, ilustrando os princípios de engenharia, as decisões de conceção e as inovações tecnológicas que impulsionaram o Windows como uma plataforma de sistema operativo líder.

4. Revolução da interface do utilizador: Do Windows 1.0 à IU moderna

"Revolução da Interface do Utilizador: Do Windows 1.0 à IU Moderna" oferece uma exploração abrangente da evolução da interface do utilizador (IU) no Microsoft Windows, traçando a sua transformação desde os primeiros dias do Windows 1.0 até aos designs de interface modernos e elegantes vistos nas versões contemporâneas do Windows. Este capítulo analisa os principais princípios de design, as alterações estéticas e as melhorias de usabilidade que definiram cada iteração da IU do Windows.

1. **Windows 1.0**: O capítulo começa por examinar a IU pioneira do Windows 1.0, que introduziu os utilizadores no conceito de uma interface gráfica do utilizador (GUI) em PCs compatíveis com IBM. O Windows 1.0 apresentava janelas lado a lado, menus suspensos e ícones gráficos, fornecendo uma alternativa mais intuitiva e visualmente atraente às interfaces tradicionais baseadas em texto. No entanto, a IU do Windows 1.0 era relativamente básica em comparação com as versões posteriores, com opções de personalização e fidelidade gráfica limitadas.

2. **Windows 3.0 e 3.1**: Com o lançamento do Windows 3.0 e 3.1, a Microsoft introduziu melhorias significativas na interface do utilizador, incluindo a introdução de tipos de letra TrueType escaláveis, funcionalidades melhoradas de gestão de janelas e suporte para ecrãs a cores. As emblemáticas aplicações Gestor de Programas e Gestor de Ficheiros tornaram-se elementos essenciais da experiência Windows, oferecendo aos utilizadores um maior controlo e organização dos seus ficheiros e aplicações.

3. **Windows 95 e Menu Iniciar**: O Windows 95 constituiu um marco importante no design da IU, introduzindo o icónico Menu Iniciar, a Barra de Tarefas e os atalhos do ambiente de trabalho que se tornariam marcas da experiência Windows nos anos seguintes. O Menu Iniciar forneceu aos

utilizadores um hub centralizado para aceder a aplicações, documentos e definições do sistema, simplificando a navegação e aumentando a produtividade. O Windows 95 também introduziu o conceito de instalação de hardware plug and play, simplificando o processo de ligação de periféricos e dispositivos.

4. **Windows XP e o tema Luna**: O Windows XP trouxe uma nova reformulação visual para a IU do Windows com a introdução do tema Luna. Com cores vibrantes, cantos arredondados e efeitos visuais animados, o Luna transformou a estética do Windows, oferecendo uma experiência de utilizador mais moderna e visualmente apelativa. A introdução das barras laterais baseadas em tarefas e o Menu Iniciar renovado melhoraram ainda mais a usabilidade e a acessibilidade para os utilizadores.

5. **Windows Vista e Aero Glass**: O Windows Vista introduziu a interface Aero Glass, caracterizada por bordas de janela translúcidas, miniaturas em tempo real e efeitos visuais que adicionaram profundidade e dimensão à IU. O Aero Glass representou um avanço significativo em termos de fidelidade gráfica e polimento visual, mas também exigiu mais dos recursos do sistema, levando a problemas de desempenho em algumas configurações de hardware.

6. **Windows 7 e Aero Peek**: Com base nos fundamentos estabelecidos pelo Windows Vista, o Windows 7 aperfeiçoou a interface Aero com funcionalidades como o Aero Peek, que permitia aos utilizadores pré-visualizar rapidamente as janelas abertas passando o rato sobre as miniaturas da barra de tarefas. O Windows 7 também introduziu o conceito de Bibliotecas, permitindo aos utilizadores organizar e aceder aos seus ficheiros de forma mais eficiente em várias localizações.

7. **Windows 8 e a linguagem de design Metro**: O Windows 8 introduziu um desvio radical das convenções tradicionais da IU do Windows com a introdução da linguagem de design Metro (mais tarde rebatizada como IU Moderna). Inspirada nos princípios do design plano, a Metro enfatizou a tipografia limpa, as cores fortes e a estética minimalista, atendendo às interacções baseadas no toque em tablets e dispositivos com ecrã tátil. No entanto, a transição abrupta para a interface Metro alienou alguns utilizadores de computadores de secretária habituados ao paradigma tradicional do Windows para computadores de secretária.

8. **Windows 10 e Sistema de Design Fluente**: O Windows 10 representa uma convergência de elementos de IU díspares de versões anteriores do Windows, incorporando elementos da interface de desktop tradicional e da IU moderna. A introdução do Sistema de Design Fluente trouxe um foco renovado em movimento, profundidade e materialidade, com recursos como transparência acrílica, luz e efeitos de profundidade adicionando riqueza visual à IU. O Windows 10 também introduziu o conceito de aplicações universais, permitindo aos programadores criar aplicações que se adaptam perfeitamente a diferentes factores de forma de dispositivos e modalidades de entrada.

No geral, "Revolução da Interface do Utilizador" fornece aos leitores uma exploração detalhada da evolução da IU do Windows, destacando os princípios de design, as alterações estéticas e as melhorias de usabilidade que moldaram a experiência do utilizador nas diferentes versões do Windows. Desde os primórdios do Windows 1.0 até à IU moderna e adaptável do Windows 10, o capítulo mostra como a Microsoft tem evoluído continuamente o design da IU para satisfazer as necessidades e expectativas dos utilizadores num cenário digital em constante evolução.

5. Windows na empresa: Transformando a computação empresarial

"Windows in the Enterprise: Transforming Business Computing" fornece uma exploração aprofundada da forma como os sistemas operativos Windows revolucionaram o panorama da computação empresarial. Este estudo abrangente analisa as várias formas como o Windows se tornou parte integrante das operações, da produtividade e da inovação em ambientes empresariais.

Integração com aplicações empresariais: O capítulo começa por destacar a forma como o Windows se integra perfeitamente com uma vasta gama de aplicações empresariais, incluindo suites de produtividade de escritório, sistemas de planeamento de recursos empresariais (ERP), software de gestão de relações com clientes (CRM) e soluções específicas do sector. A compatibilidade do Windows garante que os funcionários podem aceder e utilizar eficientemente ferramentas empresariais críticas, melhorando a produtividade e a colaboração.

Escalabilidade e flexibilidade: A escalabilidade e a flexibilidade do Windows tornam-no adequado para empresas de todas as dimensões, desde pequenas empresas em fase de arranque a empresas multinacionais. O capítulo explora a forma como os sistemas baseados no Windows se podem adaptar facilmente às necessidades empresariais em evolução, suportando o crescimento, a expansão e a diversificação, mantendo a fiabilidade e o desempenho.

Segurança e conformidade: A segurança é fundamental na computação empresarial e o Windows oferece funcionalidades de segurança incorporadas robustas para proteger dados empresariais sensíveis e mitigar ameaças de cibersegurança. O capítulo aborda as capacidades de segurança do Windows, incluindo encriptação, controlos de acesso, deteção de ameaças e estruturas de conformidade, que ajudam as empresas a manter a conformidade regulamentar e a proteger-se contra violações de dados.

Gestão e administração centralizadas: As ferramentas de gestão centralizada do Windows permitem aos administradores de TI implementar, configurar e gerir eficientemente grandes frotas de dispositivos em toda a empresa. O capítulo examina funcionalidades como o Active Directory, a Política de Grupo, o Windows Update for Business e o System Center Configuration Manager (SCCM), que simplificam as tarefas administrativas, asseguram a consistência e aplicam políticas de segurança.

Integração na nuvem e soluções híbridas: O Windows integra-se perfeitamente aos serviços de nuvem, permitindo que as empresas aproveitem a escalabilidade, a agilidade e a economia da computação em nuvem. O capítulo explora a forma como os ambientes baseados no Windows podem beneficiar de soluções de nuvem híbrida, gestão de identidades híbridas e ferramentas de produtividade baseadas na nuvem, como o Microsoft 365, o Azure Active Directory e o Ambiente de Trabalho Virtual do Azure, permitindo às empresas modernizar a sua infraestrutura e adotar iniciativas de transformação digital.

Colaboração e comunicação: O Windows facilita a colaboração e a comunicação dentro da empresa através de funcionalidades de produtividade integradas, como o Microsoft Teams, o SharePoint e o Exchange Server. O capítulo aborda a forma como estas ferramentas permitem a comunicação em tempo real, a partilha de documentos, a colaboração em projectos e as capacidades de trabalho remoto, promovendo um ambiente de trabalho colaborativo e ágil.

Business Intelligence e Análise: O Windows suporta iniciativas de business intelligence e análise através da integração com ferramentas de visualização de dados, bases de dados e plataformas de análise. O capítulo explora a forma como os ambientes baseados no Windows podem tirar partido de ferramentas como o Power BI, o SQL Server e o Azure Analytics para obter informações a partir de dados, impulsionar a tomada de decisões informadas e fomentar o crescimento do negócio.

Tendências e inovações futuras: O capítulo conclui com uma especulação sobre as tendências e inovações futuras que podem transformar ainda mais a computação empresarial com o Windows. Isto inclui avanços na inteligência artificial, aprendizagem automática, Internet das Coisas (IoT), computação de ponta e realidade aumentada, que têm o potencial de revolucionar a forma como as empresas tiram partido da tecnologia Windows para impulsionar a inovação, a competitividade e o crescimento.

Globalmente, "Windows in the Enterprise: Transforming Business Computing" fornece uma panorâmica abrangente da forma como o Windows se tornou uma pedra angular da computação empresarial moderna, permitindo às organizações prosperar num mundo cada vez mais digital e interligado.

6. Jogos e entretenimento: O impacto do Windows no lazer digital

"Gaming and Entertainment: O Impacto do Windows no Lazer Digital" investiga a profunda influência que o Microsoft Windows tem tido nas indústrias de jogos e entretenimento, explorando a forma como a plataforma se tornou uma pedra angular do lazer digital para milhões de utilizadores em todo o mundo. Este capítulo examina a evolução dos jogos no Windows, o seu impacto no panorama do entretenimento e os principais factores que impulsionam o seu sucesso.

1. **Windows como uma plataforma de jogos**: O capítulo começa por realçar a transformação do Windows numa plataforma de jogos líder, oferecendo uma vasta e diversificada biblioteca de jogos de todos os géneros, grupos demográficos e plataformas. Desde jogos casuais a títulos AAA, o Windows dá aos jogadores acesso a um ecossistema rico de experiências de jogo, apoiado por uma compatibilidade de hardware robusta, tecnologias gráficas e ferramentas de desenvolvimento.

2. **Compatibilidade e acessibilidade**: A arquitetura aberta do Windows e o amplo suporte de hardware tornaram-no uma plataforma acessível tanto para os jogadores como para os programadores de jogos. Ao contrário das consolas de jogos fechadas, que têm limitações rigorosas de hardware e software, o Windows oferece flexibilidade e compatibilidade, permitindo aos utilizadores personalizar as suas experiências de jogo e aceder a uma vasta gama de títulos de várias fontes, incluindo plataformas de distribuição digital como o Steam, a Epic Games Store e a Microsoft Store.

3. **DirectX e inovação gráfica**: A API DirectX da Microsoft tem desempenhado um papel fundamental na promoção da inovação gráfica e na expansão dos limites da fidelidade visual nos jogos para PC. Ao fornecer um conjunto normalizado de interfaces de programação para

gráficos, áudio e dispositivos de entrada, o DirectX permitiu aos programadores criar experiências de jogo envolventes com técnicas de renderização avançadas, simulações de física realistas e efeitos audiovisuais de alta qualidade.

4. **Integração com o Ecossistema Xbox**: A integração do Windows com o ecossistema Xbox esbateu as fronteiras entre os jogos de consola e de PC, oferecendo experiências multiplataforma perfeitas aos jogadores em todos os dispositivos. Funcionalidades como o Xbox Play Anywhere, o Xbox Game Pass para PC e o Xbox Cloud Gaming (anteriormente conhecido como Project xCloud) permitem aos jogadores aceder aos seus jogos favoritos, guardar o progresso e interagir com a comunidade Xbox em dispositivos Windows, consolas Xbox e plataformas móveis.

5. **Esports e streaming de jogos**: O Windows tem desempenhado um papel central na ascensão dos desportos electrónicos e do streaming de jogos, permitindo aos jogadores competir em torneios online, transmitir jogos para audiências globais e criar comunidades prósperas em torno dos seus jogos favoritos. Plataformas como Twitch, YouTube Gaming e Mixer aproveitaram os recursos de streaming do Windows para capacitar os criadores de conteúdo e conectar jogadores de todo o mundo.

6. **Modding e criatividade do utilizador**: A natureza aberta do Windows e a robusta comunidade de modding fomentaram uma cultura de criatividade e experimentação nos jogos. Os modders e os programadores amadores podem criar conteúdos personalizados, modificações e conversões totais para os seus jogos favoritos, prolongando a sua longevidade e aumentando o seu valor de reprodução. Ferramentas como o Steam Workshop e frameworks de modding fornecem plataformas acessíveis para a partilha e distribuição de conteúdos gerados pelo utilizador.

7. **Realidade Virtual (RV) e Realidade Aumentada (RA)**: O Windows adoptou tecnologias emergentes como a realidade virtual (RV) e a realidade aumentada (RA), oferecendo suporte nativo para auscultadores de RV e experiências de RA através de plataformas como o Windows Mixed Reality. Os programadores podem criar jogos de RV imersivos, experiências educativas e aplicações de produtividade para o Windows, tirando partido do seu poderoso ecossistema de hardware e ferramentas de programador.

Em termos gerais, "Jogos e Entretenimento" ilustra a forma como o Windows se tornou sinónimo de lazer digital, oferecendo aos jogadores uma plataforma versátil e personalizável para explorar, criar e estabelecer ligações com outros através de experiências de jogo e entretenimento. Quer seja a jogar o mais recente título AAA, a transmitir jogos para um público global ou a mergulhar em mundos virtuais imersivos, o Windows continua a moldar o futuro dos jogos e do entretenimento na era digital.

7. Segurança no ecossistema Windows: Dos desafios às soluções

"Security in the Windows Ecosystem: From Challenges to Solutions" fornece uma exploração aprofundada do complexo panorama da cibersegurança no ambiente do sistema operativo Windows. Este capítulo examina a evolução das ameaças à segurança, vulnerabilidades e soluções que moldaram a abordagem do Windows à segurança ao longo dos anos.

1. **Análise do cenário de ameaças**: O capítulo começa por analisar o cenário de ameaças em evolução enfrentado pelo ecossistema Windows. Explora a gama diversificada de ameaças à cibersegurança, incluindo malware, ransomware, ataques de phishing, explorações de dia zero e ameaças internas, destacando a sofisticação e a persistência dos ciberadversários modernos.

2. **Desafios históricos de segurança**: A narrativa aprofunda os desafios de segurança históricos que o Windows enfrentou, incluindo vulnerabilidades em componentes essenciais do sistema, configurações padrão inseguras e a proliferação de malware direcionado para sistemas baseados no Windows. Examina incidentes e violações de segurança notáveis que sublinharam a importância de medidas de segurança proactivas e estratégias de mitigação de ameaças.

3. **Resposta de segurança da Microsoft**: A abordagem da Microsoft à segurança tem evoluído ao longo dos anos, com a empresa a implementar uma estratégia de defesa em várias camadas para proteger os utilizadores do Windows de ameaças emergentes. O capítulo explora o Ciclo de Vida de Desenvolvimento de Segurança (SDL) da Microsoft, que integra práticas de segurança no processo de desenvolvimento de software, bem como o seu Centro de Resposta de Segurança (MSRC), que coordena a resposta a vulnerabilidades e incidentes de segurança.

4. **Funcionalidades de segurança do Windows**: O Windows incorpora uma vasta gama de funcionalidades e tecnologias de segurança para proteger os utilizadores e os seus dados contra ciberameaças. O capítulo examina as funcionalidades de segurança incorporadas, como o Windows Defender Antivirus, a Firewall do Windows, o Controlo de Conta de Utilizador (UAC), o Arranque Seguro, a encriptação BitLocker e a autenticação biométrica Windows Hello, destacando as suas funções na mitigação de vectores de ataque comuns e na proteção da integridade do sistema.

5. **Gestão de Patches e Actualizações**: A gestão atempada de patches é essencial para manter a segurança dos sistemas baseados no Windows. O capítulo discute a abordagem da Microsoft ao lançamento de actualizações e correcções de segurança através do seu ciclo mensal Patch Tuesday, bem como a importância das actualizações regulares de software na resolução de vulnerabilidades conhecidas e na melhoria da resiliência do sistema contra ameaças emergentes.

6. **Serviços de segurança baseados na nuvem**: A Microsoft tem aproveitado cada vez mais os serviços de segurança baseados na nuvem para aumentar os mecanismos tradicionais de proteção de pontos finais. O capítulo explora serviços como a Proteção Avançada contra Ameaças (ATP) do Microsoft Defender, que oferece capacidades de deteção, investigação e resposta a ameaças em pontos finais, identidades e ambientes de correio eletrónico, bem como o Centro de Segurança do Azure, que fornece gestão de segurança unificada e inteligência contra ameaças para cargas de trabalho na nuvem.

7. **Educação e sensibilização para a segurança**: A educação e a sensibilização dos utilizadores desempenham um papel fundamental no combate às ameaças à cibersegurança. O capítulo aborda os esforços da Microsoft para promover a sensibilização para a segurança entre os utilizadores do Windows através de recursos educativos, programas de

formação e melhores práticas para hábitos informáticos seguros, realçando a importância da higiene de segurança proactiva e da vigilância contra ataques de engenharia social.

8. **Tendências e desafios futuros**: O capítulo conclui com a análise das tendências e desafios emergentes na segurança do Windows, como a crescente prevalência de ataques direccionados, o aumento das ciberameaças de estados-nação, a proliferação de dispositivos da Internet das Coisas (IoT) e a necessidade de uma maior colaboração e partilha de informações entre as partes interessadas na segurança.

Globalmente, "Security in the Windows Ecosystem" oferece aos leitores uma compreensão abrangente do panorama da cibersegurança

8. O futuro do Windows: Tendências e especulações

"O Futuro do Windows: Tendências e Especulações" oferece uma análise prospetiva de potenciais direcções, tendências e inovações que podem moldar o futuro do sistema operativo Windows. Este capítulo explora as tecnologias emergentes, a dinâmica do mercado e as expectativas dos utilizadores que poderão influenciar a evolução do Windows nos próximos anos.

1. **Ambientes de computação híbrida**: À medida que a computação se torna cada vez mais distribuída e heterogénea, o futuro do Windows pode girar em torno de ambientes de computação híbrida que integram perfeitamente a infraestrutura no local com serviços baseados na nuvem. O Windows poderá evoluir para oferecer funcionalidades melhoradas de interoperabilidade, gestão e segurança para implementações híbridas, permitindo às organizações tirar partido da escalabilidade e agilidade da nuvem, mantendo o controlo sobre dados e cargas de trabalho sensíveis.

2. **Adoção contínua de modelos de subscrição**: A Microsoft tem vindo a mudar cada vez mais para modelos de negócio baseados em subscrição, como o Microsoft 365, que agrupa o Windows, o Office e os serviços na nuvem numa única oferta. O futuro do Windows poderá assistir a uma maior integração com modelos de subscrição, oferecendo aos utilizadores acesso a actualizações contínuas, suporte e funcionalidades adicionais através de níveis de subscrição adaptados a diferentes segmentos de utilizadores e cenários de utilização.

3. **Integração melhorada com IA e aprendizagem automática**: O Windows pode aproveitar os avanços da inteligência artificial (IA) e da aprendizagem automática para proporcionar experiências de utilizador mais personalizadas, proactivas e inteligentes. As funcionalidades baseadas em IA podem incluir manutenção preditiva, deteção proactiva de ameaças à segurança, automatização de tarefas com conhecimento do

contexto e capacidades de processamento de linguagem natural, enriquecendo a experiência geral do utilizador e a produtividade.

4. **Maior foco em segurança e privacidade**: Com as ameaças à cibersegurança a tornarem-se cada vez mais sofisticadas e generalizadas, o futuro do Windows poderá dar prioridade a funcionalidades de segurança e privacidade melhoradas para proteger os dados e as identidades dos utilizadores. Isto poderá envolver uma maior integração de tecnologias de segurança baseadas em hardware, capacidades avançadas de deteção e resposta a ameaças e controlos de privacidade granulares que permitam aos utilizadores gerir a sua pegada digital e proteger a sua privacidade.

5. **Experiências perfeitas em vários dispositivos**: O Windows pode evoluir para oferecer experiências entre dispositivos mais perfeitas, permitindo que os utilizadores façam uma transição fluida entre diferentes factores de forma, incluindo computadores de secretária, computadores portáteis, tablets e dispositivos móveis. Funcionalidades como a sincronização baseada na nuvem, a compatibilidade universal de aplicações e as funcionalidades de continuidade poderão colmatar a lacuna entre dispositivos, permitindo que os utilizadores retomem o trabalho no seu ecossistema digital.

6. **Arquitetura modular e flexível**: O futuro do Windows poderá adotar uma arquitetura mais modular e flexível, permitindo que os utilizadores personalizem a sua experiência de sistema operativo com base nas suas necessidades e preferências específicas. Os componentes modulares, a contentorização e as versões leves do Windows poderão oferecer maior flexibilidade, eficiência e escalabilidade para diversos cenários de utilização, desde implementações empresariais a dispositivos de consumo.

7. **Acessibilidade e inclusão melhoradas**: O Windows pode continuar a dar prioridade à acessibilidade e à inclusão, garantindo que o sistema operativo é acessível a utilizadores de todas as capacidades e origens. Isto poderá envolver melhorias nas tecnologias de assistência, na conceção da interface do utilizador e nas funcionalidades inclusivas que acomodam diversas necessidades dos utilizadores, como o controlo por voz, o reconhecimento de gestos e as definições de acessibilidade personalizáveis.

8. **Sustentabilidade e responsabilidade ambiental**: À medida que as preocupações ambientais se tornam cada vez mais importantes, o futuro do Windows pode incorporar princípios de sustentabilidade e responsabilidade ambiental na sua conceção, produção e gestão do ciclo de vida. Isto poderá envolver iniciativas para reduzir a pegada de carbono, aumentar a eficiência energética e promover a gestão responsável dos produtos através de materiais ecológicos, programas de reciclagem e características de poupança de energia.

Em geral, "O Futuro do Windows" oferece aos leitores um vislumbre especulativo das potenciais tendências e inovações que podem moldar a trajetória do sistema operativo Windows nos próximos anos, realçando o compromisso contínuo da Microsoft para com a inovação, adaptabilidade e design centrado no utilizador.

9. Estudos de caso: Aplicações reais da inovação do Windows

"Casos de Estudo: Aplicações reais da inovação do Windows" fornece aos leitores exemplos concretos de como as inovações do Windows foram aplicadas em vários sectores e contextos, demonstrando o impacto prático e os benefícios da tecnologia Windows. Este capítulo apresenta estudos de casos do mundo real que ilustram como as organizações aproveitaram o Windows para impulsionar a eficiência, a produtividade e a inovação nas suas operações.

1. **Produtividade empresarial**: O capítulo pode apresentar um estudo de caso de uma empresa multinacional que padronizou os sistemas baseados no Windows para as suas necessidades de produtividade empresarial. Este estudo de caso destacaria como a compatibilidade do Windows, os recursos de segurança e a integração com ferramentas de produtividade, como o Microsoft Office, permitiram que a organização simplificasse os fluxos de trabalho, colaborasse de forma eficaz e capacitasse os funcionários a trabalhar com mais eficiência.

2. **Informática no sector da saúde**: Outro estudo de caso pode centrar-se num hospital ou sistema de saúde que tenha implementado sistemas de registos de saúde electrónicos (EHR) baseados no Windows para digitalizar os registos dos pacientes, simplificar os fluxos de trabalho clínicos e melhorar os resultados dos cuidados aos pacientes. Este estudo de caso mostraria como as funcionalidades de segurança do Windows, a interoperabilidade com dispositivos médicos e o suporte para aplicações de cuidados de saúde facilitaram a transição para a prestação de cuidados de saúde digitais e melhoraram a segurança dos pacientes e a qualidade dos cuidados.

3. **Tecnologia da educação**: Um estudo de caso no sector da educação poderia destacar a forma como um distrito escolar ou uma instituição de ensino utilizou dispositivos e software baseados no Windows para apoiar

iniciativas de ensino e aprendizagem. Este estudo de caso demonstraria a forma como a acessibilidade, o preço e a compatibilidade do Windows com o software educativo permitiram aos educadores ministrar aulas cativantes e interactivas, personalizar experiências de aprendizagem e dotar os alunos de competências de literacia digital para o sucesso no século XXI.

4. **Inovação para pequenas empresas**: Para as pequenas empresas, um estudo de caso pode mostrar como uma empresa em fase de arranque ou um empreendimento empresarial aproveitou as soluções baseadas no Windows para lançar, escalar e inovar num mercado competitivo. Este estudo de caso ilustraria a forma como a acessibilidade, a flexibilidade e a facilidade de utilização do Windows permitiram às pequenas empresas implementar uma infraestrutura de TI rentável, tirar partido dos serviços em nuvem e diferenciar-se através de produtos e serviços inovadores.

5. **Indústrias criativas**: Nas indústrias criativas, um estudo de caso poderia centrar-se na forma como uma empresa de design, uma agência de publicidade ou uma empresa de produção multimédia aproveitou o software e o hardware baseados no Windows para proporcionar experiências multimédia atraentes aos clientes. Este estudo de caso destacaria a forma como o suporte do Windows para ferramentas criativas padrão da indústria, como o Adobe Creative Cloud e o Autodesk Maya, permitiu que os criativos ultrapassassem os limites da sua arte, fornecessem conteúdos de alta qualidade e cumprissem prazos apertados com confiança.

6. **Fabrico e Indústria 4.0**: No sector do fabrico, um estudo de caso poderia mostrar como uma fábrica ou instalação industrial adoptou soluções IoT (Internet of Things) baseadas no Windows para otimizar os processos de produção, monitorizar o desempenho do equipamento e garantir a eficiência operacional. Este estudo de caso demonstraria a forma como a

escalabilidade, a conetividade e o suporte do Windows para tecnologias de automação industrial permitiram aos fabricantes digitalizar as suas operações, reduzir o tempo de inatividade e promover a melhoria contínua da produtividade e da qualidade.

Cada estudo de caso em "Real-World Applications of Windows Innovation" fornece aos leitores conhecimentos práticos e melhores práticas retirados de experiências do mundo real, ilustrando as diversas formas como a tecnologia Windows pode ser aplicada para resolver desafios complexos, impulsionar a inovação e criar valor em diferentes indústrias e sectores.

10.Conclusão: O legado duradouro do Windows e as perspectivas futuras

"Conclusão: O legado duradouro do Windows e as perspectivas futuras" oferece uma visão geral reflexiva do significado histórico, do impacto duradouro e da trajetória futura do sistema operativo Windows. Este capítulo sintetiza os principais temas, ideias e tendências abordados ao longo do livro, proporcionando aos leitores uma compreensão abrangente do legado duradouro do Windows e do seu potencial papel na definição do futuro da informática.

1. **Legado de inovação**: A conclusão reflecte sobre o legado do Windows como força pioneira na evolução da computação pessoal, traçando o seu percurso desde os primórdios das interfaces gráficas de utilizador até ao seu estatuto atual como plataforma omnipresente para produtividade, criatividade e entretenimento. Destaca as contribuições do Windows para a inovação tecnológica, a capacitação dos utilizadores e a transformação digital em diversas indústrias e sectores.

2. **Evoluindo com os tempos**: O Windows demonstrou uma capacidade notável de se adaptar e evoluir em resposta às mudanças na dinâmica do mercado, aos avanços tecnológicos e às expectativas dos utilizadores. A conclusão enfatiza a resiliência e a agilidade do Windows na adoção de tendências emergentes, como a computação em nuvem, a mobilidade, a inteligência artificial e a IoT, posicionando a plataforma para uma relevância e crescimento contínuos na era digital.

3. **Filosofia de design centrada no utilizador**: Ao longo da sua história, o Windows tem sido guiado por uma filosofia de design centrada no utilizador, dando prioridade à usabilidade, acessibilidade e inclusão na sua interface e funcionalidades. A conclusão sublinha o compromisso do Windows em capacitar os utilizadores de todas as origens e capacidades, promovendo um ecossistema informático diversificado e inclusivo que celebra a inovação e a criatividade.

4. **Desafios e oportunidades**: Embora o Windows enfrente desafios da concorrência, ameaças de segurança em evolução e mudanças na dinâmica do mercado, a conclusão sublinha a resiliência e o potencial da plataforma para ultrapassar estes obstáculos através da inovação contínua, de parcerias estratégicas e de um design centrado no utilizador. O vasto ecossistema de programadores, parceiros e utilizadores do Windows proporciona uma base sólida para o crescimento e adaptação futuros.

5. **Perspectivas futuras**: Olhando para o futuro, a conclusão especula sobre as perspectivas futuras do Windows, imaginando um mundo em que a plataforma continua a evoluir como um sistema operativo versátil, adaptável e inclusivo que potencia uma vasta gama de dispositivos, aplicações e experiências. O Windows poderá adotar tecnologias emergentes, como a realidade aumentada, a computação quântica e a computação descentralizada, para desbloquear novas possibilidades e dar resposta às necessidades em evolução dos utilizadores.

6. **Comunidade e Colaboração**: A conclusão celebra a vibrante comunidade de programadores, entusiastas e utilizadores que contribuíram para o sucesso e evolução do Windows ao longo dos anos. Salienta a importância da colaboração, do feedback e da inovação partilhada na definição da direção futura da plataforma, convidando os leitores a participar na viagem contínua da evolução do Windows.

Globalmente, "O Legado Duradouro do Windows e as Perspectivas Futuras" oferece uma perspetiva de futuro sobre o significado duradouro da plataforma e o seu potencial para continuar a impulsionar a inovação, a capacitação e a transformação digital nos próximos anos. Incentiva os leitores a refletir sobre a rica história do Windows, a abraçar o seu legado de inovação e a participar na definição do seu futuro como uma força líder no mundo da computação.

Utilização do sistema operativo Windows

A utilização do sistema operativo (SO) Windows é generalizada em vários sectores e aplicações devido à sua versatilidade, compatibilidade e funcionalidades robustas. Eis algumas das principais áreas em que o sistema operativo Windows é habitualmente utilizado:

1. **Computação pessoal**: O sistema operativo Windows é omnipresente nos computadores pessoais (PCs) e portáteis, servindo como sistema operativo principal para milhões de utilizadores em todo o mundo. Desde utilizadores domésticos a profissionais, o Windows oferece uma interface de fácil utilização e uma vasta gama de aplicações de software para produtividade, entretenimento e comunicação.

2. **Ambientes empresariais**: O SO Windows é amplamente adotado em ambientes empresariais pela sua escalabilidade, segurança e capacidades de gestão. Muitas empresas confiam nas edições do Windows Server para alojar aplicações internas, gerir a infraestrutura de rede e fornecer serviços essenciais, como partilha de ficheiros, correio eletrónico e ferramentas de colaboração.

3. **Educação**: As instituições de ensino utilizam frequentemente sistemas baseados no Windows em salas de aula, laboratórios de informática e escritórios administrativos. O SO Windows fornece aos estudantes e educadores acesso a software educativo, ferramentas de produtividade e recursos online para ensino, aprendizagem e investigação académica.

4. **Jogos**: O Windows é uma plataforma dominante para jogos, com uma vasta biblioteca de jogos disponíveis para os jogadores de PC. Muitos títulos de jogos populares são desenvolvidos e optimizados para o SO Windows, oferecendo aos jogadores gráficos de alta qualidade, jogabilidade envolvente e compatibilidade com uma vasta gama de periféricos de jogos.

5. **Indústrias criativas**: Os profissionais de áreas criativas, como o design gráfico, a edição de vídeo e a produção musical, confiam no software baseado no Windows para o seu trabalho criativo. Aplicações como o Adobe Creative Cloud, o Autodesk Maya e o Avid Pro Tools são ferramentas padrão da indústria que funcionam no sistema operativo Windows, permitindo aos criativos dar vida às suas visões artísticas.

6. **Produtividade empresarial**: O sistema operativo Windows é essencial para a produtividade empresarial, fornecendo aos funcionários acesso a suites de produtividade de escritório como o Microsoft Office (Word, Excel, PowerPoint, etc.) e a plataformas de colaboração empresarial como o Microsoft Teams. Os PCs com Windows também são utilizados para tarefas como o correio eletrónico, a gestão de documentos, o planeamento de projectos e a gestão das relações com os clientes (CRM).

7. **Cuidados de saúde**: Os hospitais e as instalações de cuidados de saúde utilizam frequentemente sistemas de registos de saúde electrónicos (EHR) baseados no Windows para gerir as informações dos pacientes, a faturação médica e os fluxos de trabalho clínicos. O sistema operativo Windows fornece as funcionalidades de segurança necessárias e as normas de conformidade exigidas para o tratamento de dados de saúde sensíveis.

8. **Governo**: As agências governamentais a vários níveis dependem de sistemas baseados no Windows para tarefas administrativas, gestão de dados e serviços aos cidadãos. O sistema operativo Windows é utilizado para tarefas como o processamento de documentos, a gestão de bases de dados, a conformidade regulamentar e a prestação de serviços públicos.

Estes são apenas alguns exemplos das diversas aplicações e indústrias em que o sistema operativo Windows é utilizado, destacando a sua adoção generalizada e versatilidade em diferentes sectores da sociedade.

Necessidade do sistema operativo Windows

A necessidade do sistema operativo (SO) Windows resulta da sua vasta gama de funcionalidades, características e aplicações que satisfazem as necessidades informáticas pessoais e profissionais. Eis várias razões pelas quais o sistema operativo Windows continua a ser essencial:

1. **Compatibilidade**: O SO Windows é compatível com uma vasta gama de dispositivos de hardware, aplicações de software e periféricos. Esta compatibilidade garante que os utilizadores podem encontrar e instalar facilmente o software e o hardware de que necessitam para satisfazer as suas necessidades específicas, quer seja para uso pessoal, trabalho ou entretenimento.

2. **Interface de fácil utilização**: O Windows oferece uma interface gráfica familiar e fácil de utilizar que é intuitiva para a maioria dos utilizadores. Com funcionalidades como o menu Iniciar, a barra de tarefas e o ambiente de trabalho, o Windows proporciona uma experiência de navegação simples que agrada tanto a utilizadores novatos como a utilizadores experientes.

3. **Ferramentas de produtividade**: O Windows é fornecido com um conjunto de ferramentas de produtividade, incluindo aplicações do Microsoft Office, como o Word, o Excel e o PowerPoint. Estas ferramentas são amplamente utilizadas para processamento de texto, gestão de folhas de cálculo, criação de apresentações e outras tarefas de produtividade empresarial e pessoal.

4. **Disponibilidade de software**: Está disponível um vasto ecossistema de aplicações de software de terceiros para o SO Windows, desde suites de produtividade e software criativo a aplicações de jogos e entretenimento. Esta extensa biblioteca de software garante que os utilizadores têm acesso

às ferramentas de que necessitam para realizar as suas tarefas de forma eficiente.

5. **Integração empresarial**: O Windows oferece funcionalidades robustas para integração empresarial, tornando-o uma escolha popular para empresas e organizações. Funcionalidades como o Active Directory, a Política de Grupo e as edições do Windows Server permitem a gestão centralizada, a segurança e a implementação de recursos de TI em ambientes empresariais.

6. **Funcionalidades de segurança**: O Windows inclui funcionalidades de segurança incorporadas, como o Windows Defender Antivirus, a Firewall do Windows e a encriptação BitLocker, que ajudam a proteger os utilizadores contra malware, vírus e outras ameaças à segurança. As actualizações de segurança regulares e os patches da Microsoft garantem que os sistemas Windows permanecem seguros e actualizados.

7. **Plataforma de jogos**: O Windows é uma plataforma líder para jogos, com uma vasta biblioteca de jogos disponíveis para os jogadores de PC. O suporte de DirectX, os controladores gráficos e a compatibilidade com periféricos de jogos fazem do Windows a escolha preferida dos jogadores que procuram experiências de jogo de alta qualidade.

8. **Funcionalidades de acessibilidade**: O Windows inclui uma gama de funcionalidades de acessibilidade concebidas para tornar a informática acessível a utilizadores com deficiências. Funcionalidades como leitores de ecrã, lupas, reconhecimento de voz e atalhos de teclado melhoram a usabilidade do Windows para utilizadores com necessidades diversas.

9. **Padrões comerciais e industriais**: Muitas indústrias e sectores têm utilizado o SO Windows como padrão para as suas necessidades informáticas devido à sua fiabilidade, compatibilidade e aplicações específicas da indústria. As soluções baseadas no Windows são

normalmente utilizadas nos sectores da saúde, educação, finanças, administração pública e outros sectores em que a fiabilidade e a conformidade são fundamentais.

Em geral, a necessidade do sistema operativo Windows resulta da sua versatilidade, compatibilidade, ferramentas de produtividade, funcionalidades de segurança e adoção generalizada em vários sectores e grupos demográficos de utilizadores.

Diferenças entre os sistemas operativos Windows e LINUX

O Windows e o Linux são dois sistemas operativos distintos com arquitecturas, filosofias de conceção e experiências de utilizador diferentes. Eis algumas das principais diferenças entre os sistemas operativos Windows e Linux:

1. **Modelo de licenciamento**:

    - Windows: O Microsoft Windows é um sistema operativo proprietário, o que significa que é detido e desenvolvido pela Microsoft Corporation. Normalmente, os utilizadores têm de adquirir uma licença para utilizar o Windows.

    - Linux: O Linux é um sistema operativo de código aberto distribuído ao abrigo de várias licenças gratuitas e de código aberto. Os utilizadores podem descarregar, modificar e distribuir distribuições Linux livremente.

2. **Kernel**:

    - Windows: O Windows utiliza o kernel do Windows NT, que é um kernel monolítico e de código fechado desenvolvido pela Microsoft. O kernel gere os recursos do sistema, a memória, os processos e as interacções com o hardware.

    - Linux: O Linux é baseado no kernel Linux, um kernel monolítico de código aberto desenvolvido por Linus Torvalds e pela comunidade Linux. O kernel é o componente central do sistema operativo Linux, responsável pela gestão dos recursos de hardware e por fornecer serviços de sistema essenciais.

3. **Interface gráfica do utilizador (GUI)**:

    - Windows: O Windows é conhecido pela sua interface gráfica do utilizador (GUI) com funcionalidades como o menu Iniciar, a barra de tarefas e a gestão de janelas. A GUI é uma parte integrante da experiência do utilizador do Windows.

- Linux: As distribuições Linux oferecem normalmente uma escolha de ambientes de trabalho (por exemplo, GNOME, KDE, Xfce) e gestores de janelas. Os utilizadores podem personalizar o ambiente de trabalho e o aspeto de acordo com as suas preferências.

4. **Disponibilidade do software**:

- Windows: O Windows tem um vasto ecossistema de aplicações de software comerciais e proprietárias desenvolvidas especificamente para a plataforma. O Microsoft Office, o Adobe Creative Suite e muitos jogos populares estão disponíveis para Windows.

- Linux: Embora o Linux tenha um ecossistema crescente de software e aplicações de código aberto, pode ter menos ofertas de software comercial em comparação com o Windows. No entanto, estão disponíveis muitas alternativas de código aberto, como o LibreOffice (semelhante ao Microsoft Office) e o GIMP (semelhante ao Adobe Photoshop).

5. **Interface de linha de comando (CLI)**:

- Windows: O Windows fornece uma interface de linha de comandos (CLI) chamada Prompt de Comando (cmd.exe) e PowerShell, que oferece capacidades de scripting e ferramentas de administração do sistema.

- Linux: As distribuições Linux incluem normalmente um poderoso CLI, sendo a shell Bash a mais comum. O CLI é amplamente utilizado para administração de sistemas, automação e tarefas de programação no Linux.

6. **Sistema de ficheiros**:

- Windows: O Windows utiliza principalmente o sistema de ficheiros NTFS (New Technology File System) para armazenamento local. Também suporta FAT32 e exFAT para compatibilidade com outros dispositivos.

- Linux: O Linux suporta uma variedade de sistemas de ficheiros, incluindo ext4 (o padrão para muitas distribuições), XFS e Btrfs. O Linux também suporta sistemas de ficheiros como o FAT32 e o NTFS para compatibilidade com outros sistemas operativos.

7. **Modelo de segurança**:

- Windows: O Windows utiliza um modelo de segurança de controlo de acesso discricionário (DAC), em que as permissões de acesso são determinadas pelo proprietário do recurso. O Controlo de Conta de Utilizador (UAC) ajuda a reduzir os riscos de segurança, exigindo a aprovação do administrador para determinadas acções.

- Linux: O Linux utiliza um modelo de segurança mais granular e flexível baseado em permissões de ficheiros, utilizadores, grupos e listas de controlo de acesso (ACLs). O princípio do menor privilégio é frequentemente enfatizado nas práticas de segurança do Linux.

8. **Comunidade e apoio**:

- Windows: A Microsoft fornece suporte oficial para o Windows através de documentação, recursos online e serviços de apoio ao cliente. Os fóruns e comunidades de terceiros também oferecem assistência aos utilizadores do Windows.

- Linux: O Linux tem uma comunidade vibrante e ativa de utilizadores, programadores e entusiastas que contribuem para a documentação, fóruns e comunidades online. Muitas distribuições Linux oferecem documentação abrangente e recursos de suporte para os utilizadores.

Estas são algumas das diferenças fundamentais entre os sistemas operativos Windows e Linux, que reflectem as suas filosofias de conceção, experiências de utilizador e ecossistemas únicos.

Qual é o melhor e porquê?

Determinar qual o sistema operativo "melhor" - Windows ou Linux - depende de vários factores, incluindo as necessidades específicas, as preferências e o contexto do utilizador ou da organização. Tanto o Windows como o Linux têm os seus pontos fortes e fracos, e o que pode ser considerado "melhor" para um utilizador ou cenário pode não se aplicar necessariamente a outro. Eis algumas considerações:

1. **Facilidade de utilização**:

    - Windows: O Windows é frequentemente elogiado pela sua interface fácil de utilizar e pelo seu design intuitivo, tornando-o acessível a uma vasta gama de utilizadores, incluindo principiantes e utilizadores não técnicos.

    - Linux: As distribuições de Linux variam em termos de facilidade de utilização, com algumas distribuições a oferecerem ambientes de trabalho fáceis de utilizar e outras destinadas a utilizadores mais experientes. Embora o Linux possa ter uma curva de aprendizagem mais acentuada inicialmente, pode ser altamente personalizável e adaptado às preferências específicas do utilizador.

2. **Compatibilidade de software**:

    - Windows: O Windows tem um vasto ecossistema de aplicações de software comercial e jogos desenvolvidos especificamente para a plataforma. A compatibilidade com software proprietário e controladores de hardware pode ser melhor no Windows.

    - Linux: Embora o Linux tenha uma seleção crescente de software e aplicações de código aberto, a compatibilidade com determinado software proprietário e controladores de hardware pode ser limitada. No entanto, estão disponíveis muitas alternativas de código aberto e o Linux destaca-se em determinados domínios, como o alojamento de servidores e ambientes de desenvolvimento.

3. **Personalização e controlo**:

- Windows: O Windows oferece algumas opções de personalização, mas a sua flexibilidade pode ser mais limitada em comparação com o Linux. Os utilizadores têm menos controlo sobre os componentes internos e as configurações do sistema.

- Linux: O Linux é altamente personalizável e fornece aos utilizadores um controlo granular sobre o sistema operativo. Os utilizadores podem adaptar a sua distribuição Linux às suas necessidades específicas, preferências e configurações de hardware.

4. **Segurança e estabilidade**:

- Windows: Historicamente, o Windows tem sido alvo de malware e ameaças de segurança devido à sua popularidade e natureza de código fechado. No entanto, a Microsoft fez melhorias significativas na segurança ao longo dos anos, e o Windows pode ser configurado para ser altamente seguro.

- Linux: O Linux é conhecido pela sua segurança e estabilidade, com menos ameaças de malware direccionadas para a plataforma em comparação com o Windows. A natureza de código aberto do Linux permite a rápida identificação e correção de vulnerabilidades de segurança pela comunidade.

5. **Custo**:

- Windows: As licenças do Windows têm normalmente um custo, especialmente para utilização comercial. No entanto, muitos utilizadores podem já ter acesso ao Windows através de licenças pré-instaladas em novos computadores ou através de acordos de licenciamento por volume.

- Linux: As distribuições Linux são geralmente gratuitas para descarregar, utilizar e distribuir. Não há taxas de licenciamento associadas à maioria das distribuições Linux, tornando-as uma opção económica para indivíduos e organizações.

Em última análise, o "melhor" sistema operativo depende das necessidades, preferências e casos de utilização individuais. Por exemplo, o Windows pode ser a melhor escolha para utilizadores que dão prioridade à facilidade de utilização, compatibilidade com software comercial e jogos. Por outro lado, o Linux pode ser preferido por utilizadores que procuram personalização, segurança e rentabilidade, particularmente em ambientes de servidor ou fluxos de trabalho de desenvolvimento. Em última análise, a melhor escolha é aquela que satisfaz os requisitos e objectivos específicos do utilizador ou da organização.

Etapas de instalação:

Vamos analisar cada passo do processo de instalação do SO Windows com mais pormenor:

1. **Verificar os requisitos do sistema**:

   - Antes de começar, certifique-se de que o seu computador cumpre os requisitos mínimos de sistema para a versão do Windows que pretende instalar. Consulte o sítio Web oficial da Microsoft para obter os requisitos específicos.

2. **Dados de cópia de segurança**:

   - É crucial fazer uma cópia de segurança de todos os dados importantes no seu computador antes de prosseguir com a instalação. Isto pode ser feito copiando os ficheiros para um dispositivo de armazenamento externo ou utilizando um serviço de cópia de segurança na nuvem.

3. **Criar suporte de instalação**:

   - Obtenha um suporte de instalação do Windows, como uma unidade USB ou DVD de arranque. Pode criar uma unidade USB de arranque utilizando a Windows Media Creation Tool, que pode ser descarregada a partir do sítio Web da Microsoft. Siga as instruções para criar o suporte de instalação.

4. **Arranque a partir do suporte de instalação**:

   - Insira a unidade USB ou DVD inicializável no computador e reinicie-o. Poderá ser necessário aceder às definições da BIOS ou UEFI para alterar a ordem de arranque e dar prioridade ao arranque a partir do suporte de instalação. Este processo varia consoante o fabricante do computador, pelo que deve consultar a documentação ou os recursos online para obter orientação.

5. **Iniciar o processo de instalação:**

   - Assim que o computador arrancar a partir do suporte de instalação, é apresentado o ecrã de configuração do Windows. Seleccione o seu idioma, formato de hora e moeda e preferências de teclado ou método de introdução e, em seguida, clique em "Seguinte" para continuar.

6. **Introduzir a chave do produto:**

   - Se solicitado, introduza a chave de produto do Windows. Este é um código alfanumérico de 25 caracteres que acompanha a compra do Windows. Pode saltar este passo se estiver a reinstalar o Windows num computador que já tinha uma cópia licenciada do Windows.

7. **Selecionar o tipo de instalação:**

   - Escolha se pretende efetuar uma instalação limpa ou atualizar uma instalação existente do Windows. Uma instalação limpa formata todo o disco rígido, apagando todos os dados existentes, enquanto uma atualização preserva os seus ficheiros, definições e aplicações. Seleccione a opção adequada e clique em "Seguinte".

8. **Particionamento e formatação:**

   - Se efetuar uma instalação limpa, terá de selecionar uma partição do disco onde o Windows será instalado. Pode criar, eliminar, formatar e redimensionar partições conforme necessário. Se não tiver a certeza, pode normalmente escolher as opções predefinidas.

9. **Instalar o Windows:**

- Depois de ter selecionado as opções de instalação e a partição, prossiga com a instalação. O Windows irá copiar ficheiros, instalar funcionalidades e configurar definições. Este processo pode demorar algum tempo, por isso seja paciente.

10. **Configuração completa**:

- Após a conclusão da instalação, o computador será reiniciado. Siga as instruções apresentadas no ecrã para concluir o processo de instalação, incluindo a definição de contas de utilizador, a configuração de definições e a personalização da sua experiência com o Windows.

11. **Instalar controladores e actualizações**:

- Após a instalação do Windows, recomenda-se a instalação de controladores de dispositivo para o seu hardware (como placa gráfica, adaptador de rede, etc.) e a instalação de quaisquer actualizações do Windows disponíveis para garantir um desempenho e segurança ideais.

12. **Restaurar dados e programas**:

- Assim que o Windows estiver instalado e configurado, pode restaurar os dados da cópia de segurança e reinstalar quaisquer programas ou aplicações necessários.

Seguindo estes passos detalhados, deverá conseguir instalar com êxito o SO Windows no seu computador. Se encontrar algum problema ou tiver perguntas específicas durante o processo de instalação, consulte a documentação fornecida com o suporte de instalação do Windows ou procure assistência junto dos recursos de suporte da Microsoft.

Vantagens e desvantagens do sistema operativo Windows

Vantagens:

1. **Interface de fácil utilização**: O sistema operativo Windows é conhecido pela sua interface gráfica intuitiva e de fácil utilização, tornando-o acessível a uma vasta gama de utilizadores, incluindo principiantes e utilizadores não técnicos.

2. **Compatibilidade**: O Windows possui um vasto ecossistema de aplicações de software comercial e dispositivos de hardware, garantindo a compatibilidade com uma vasta gama de periféricos de software e hardware.

3. **Disponibilidade de software**: Muitas aplicações de software e jogos populares são desenvolvidos especificamente para o Windows, proporcionando aos utilizadores acesso a uma grande variedade de ferramentas de produtividade, opções de entretenimento e experiências de jogo.

4. **Suporte de hardware**: O Windows oferece suporte abrangente de controladores para uma vasta gama de dispositivos de hardware, facilitando a configuração e utilização de periféricos como impressoras, scanners e dispositivos de armazenamento externos.

5. **Integração com os serviços da Microsoft**: O Windows integra-se perfeitamente com o conjunto de serviços online da Microsoft, como o OneDrive, o Outlook e o Microsoft Office, proporcionando aos utilizadores uma experiência de computação coesa e integrada.

6. **Funcionalidades empresariais**: O Windows inclui funcionalidades e ferramentas adaptadas a ambientes empresariais, como o Active Directory, a Política de Grupo e as edições do Windows Server, tornando-o adequado para utilização empresarial e organizacional.

7. **Plataforma de jogos**: O Windows é uma plataforma líder para jogos, com uma vasta biblioteca de jogos disponíveis para os jogadores de PC. O suporte de DirectX, os controladores gráficos e a compatibilidade com periféricos de jogos fazem do Windows a escolha preferida de muitos jogadores.

8. **Suporte técnico**: A Microsoft oferece suporte técnico abrangente para os utilizadores do Windows através de documentação, recursos online e serviços de apoio ao cliente, facilitando a resolução de problemas.

Desvantagens:

1. **Custo**: As licenças do Windows têm normalmente um custo, especialmente para utilização comercial. O custo das licenças do Windows pode aumentar, especialmente para empresas e organizações com vários computadores.

2. **Vulnerabilidades de segurança**: Historicamente, o Windows tem sido alvo de malware e ameaças de segurança devido à sua popularidade e natureza de código fechado. Os utilizadores poderão ter de investir em software e práticas de segurança adicionais para reduzir os riscos.

3. **Actualizações e manutenção**: O Windows requer actualizações e manutenção regulares para garantir um desempenho e segurança óptimos. Por vezes, as actualizações podem perturbar o fluxo de trabalho e exigir o reinício do sistema, o que leva a períodos de inatividade.

4. **Intensivo em recursos**: O SO Windows tende a consumir mais recursos em comparação com outros sistemas operativos, exigindo mais RAM, CPU e espaço de armazenamento para funcionar sem problemas, especialmente em hardware mais antigo.

5. **Bloatware e aplicações pré-instaladas**: Algumas versões do Windows vêm pré-instaladas com bloatware e aplicações desnecessárias, que podem

sobrecarregar o sistema e consumir recursos. Os utilizadores poderão ter de perder tempo a remover ou desativar software indesejado.

6. **Preocupações com a privacidade**: O Windows recolhe dados de telemetria e informações de utilização para fins de monitorização e melhoria do desempenho, o que suscita preocupações de privacidade por parte de alguns utilizadores. A Microsoft fornece opções para controlar as definições de privacidade, mas os utilizadores podem ainda ter reservas quanto às práticas de recolha de dados.

7. **Limitações de personalização**: Embora o Windows ofereça algumas opções de personalização, a sua flexibilidade pode ser mais limitada em comparação com outros sistemas operativos como o Linux. Os utilizadores podem ter menos controlo sobre os componentes internos e as configurações do sistema.

8. **Bloqueio do fornecedor**: Os utilizadores do Windows podem ficar dependentes do ecossistema de produtos e serviços da Microsoft, o que leva à dependência do fornecedor. Mudar para sistemas operativos ou plataformas alternativas pode ser um desafio devido a problemas de compatibilidade e à dependência dos serviços da Microsoft.

Estas são algumas das vantagens e desvantagens da utilização do sistema operativo Windows, reflectindo os seus pontos fortes e limitações em vários contextos e cenários de utilização. Em última análise, a adequação do Windows depende das necessidades, preferências e casos de utilização individuais.

Conclusão

Em conclusão, o SO Windows oferece uma interface de fácil utilização, uma ampla compatibilidade com software e hardware e um vasto ecossistema de aplicações e serviços, o que o torna uma escolha popular para milhões de utilizadores em todo o mundo. A sua integração com os serviços Microsoft, as funcionalidades empresariais e a plataforma de jogos solidificam ainda mais a sua posição como um sistema operativo versátil e amplamente utilizado.

No entanto, o sistema operativo Windows também tem as suas desvantagens, incluindo o custo das licenças, a suscetibilidade a vulnerabilidades de segurança, a natureza de utilização intensiva de recursos e as preocupações com a privacidade e a dependência do fornecedor. Os utilizadores também podem ter problemas com actualizações, manutenção e software pré-instalado.

Apesar destes desafios, o Windows continua a ser uma força dominante no panorama informático, servindo as necessidades de indivíduos, empresas e organizações em várias indústrias e sectores. A sua evolução contínua, o suporte técnico e o compromisso com a inovação garantem que o SO Windows continua a ser uma escolha relevante e viável para os utilizadores que procuram uma experiência informática fiável e familiar.

Em última análise, a decisão de utilizar o SO Windows depende das preferências, requisitos e prioridades individuais. Embora o Windows possa não ser perfeito, os seus pontos fortes e vantagens superam as suas limitações para muitos utilizadores, tornando-o uma escolha preferida para casos de utilização pessoal, profissional e de jogos.

Referências

1. Gates, B. (1995). The Road Ahead. Penguin Books.

2. Russinovich, M. E., Solomon, D. A., & Ionescu, A. (2012). Windows Internals, Parte 1: Arquitetura do sistema, processos, threads, gestão de memória e muito mais (6ª ed.). Microsoft Press.

3. Tanenbaum, A. S., & Bos, H. (2014). Sistemas operacionais modernos (4ª ed.). Pearson.

4. Stewart, J. M. (2018). Guia de estudo CompTIA Security+: Exame SY0-501 (7ª ed.). Sybex.

5. Stallings, W. (2018). Sistemas Operacionais: Princípios internos e de design (9ª ed.). Pearson.

6. Johnson, M. (2019). Dominando o Windows Server 2019: o guia completo para profissionais de TI instalarem, implantarem e oferecerem suporte ao Windows Server 2019. Packt Publishing.

7. Hill, B. (2016). Windows 10 de dentro para fora (2ª ed.). Microsoft Press.

8. Held, G. (2015). Windows Server 2016: Aprenda a instalar e usar o Windows Server 2016. Plataforma de publicação independente do CreateSpace.

9. Lowe, S. (2018). Windows 10 All-In-One For Dummies (4ª ed.). Para leigos.

10. Mueller, S., & Panek, W. (2018). Guia de exame completo para certificação CompTIA A +, décima edição (exames 220-1001 e 220-1002). McGraw-Hill Education.

11. Russinovich, M. E., & Solomon, D. A. (2017). Windows Internals, Parte 2: Cobrindo o Windows Server 2008 R2 e o Windows 7 (6ª ed.). Microsoft Press.

12. Meyers, M. (2019). Guia de exame completo para certificação CompTIA Network+, sétima edição (exame N10-007). McGraw-Hill Education.

13. Marshall, D. (2019). Testes práticos CompTIA A+: Exame 220-1001 e Exame 220-1002 (2ª ed.). Sybex.

14. Wright, D. (2018). Guia de certificação CompTIA Security+: Domine os fundamentos de segurança de TI e os tópicos do exame para a certificação CompTIA Security+ SY0-501 (3ª ed.). Packt Publishing.

15. Held, G. (2018). MCSA Windows Server 2016 Exame Ref 3-Pack: Exames 70-740, 70-741 e 70-742. Microsoft Press.

16. Nash, M. (2015). Ref. do Exame 70-687: Configurando o Windows 8.1. Microsoft Press.

17. Zacker, C. (2019). Ref. do exame MD-100 Windows 10. Microsoft Press.

18. Russell, D. (2018). Windows 10: o manual que faltava: O livro que deveria estar na caixa (2ª ed.). O'Reilly Media.

19. Halsey, M., & Shimonski, R. (2018). Guia de estudo do MCSA Windows Server 2016: Exame 70-740 (2ª ed.). Sybex.

20. Schwabe, W., & Andrews, J. (2015). MTA Microsoft Technology Associate Exame 98-349 Windows Operating System Fundamentals ExamFOCUS Notas de estudo e perguntas de revisão. Plataforma de publicação independente CreateSpace.

Estas referências abrangem uma série de tópicos relacionados com os sistemas operativos Windows, segurança, redes e preparação para certificação.

Printed by Books on Demand GmbH, Norderstedt / Germany